MÉMOIRE

SUR

LA TENUE DES ÉTATS DE ROUERGUE,

ÉCRIT VERS 1623,

PAR DURIEU, DÉPUTÉ DU PAYS DE ROUERGUE,

ET PUBLIÉ

PAR M. BRUTAILS,

ARCHIVISTE DES PYRÉNÉES-ORIENTALES.

(Extrait du *Bulletin historique et philologique*
du *Comité des travaux historiques et scientifiques*, n° 1 de 1885.)

MÉMOIRE

SUR

LA TENUE DES ÉTATS DE ROUERGUE,

ÉCRIT VERS 1623,

PAR DURIEU, DÉPUTÉ DU PAYS DE ROUERGUE.

Le document qui suit a été découvert, il y a quelques mois, dans une malle de vieux papiers, au château de Lintilhac, près de Figeac. Il était accompagné de plusieurs pièces également relatives aux états de Rouergue; l'une de ces dernières est un curieux mémoire destiné à prouver l'existence des états de la province, depuis Jules César jusqu'à la fin du règne de Henri IV, date de cet écrit. Le document que j'ai copié plus bas est d'une écriture minuscule très régulière, et m'a paru de la première moitié du xvie siècle; divers passages relatifs à la construction du pont de Toulouse, au «razement des places» de guerre, etc., permettent de fixer la date de cette dissertation, qui a dû voir le jour vers l'année 1623.

C'est la forme tenue et observée aux Assemblées des Estatz, et impositions quy se font et ont esté faictes dans le pays de Rouergue, despuis la suppression des esleuz, et règlement faict en l'année mil six cens unze jusques à présent.

Le commissaire pour la convocation ou tenue des Estatz du pays de Rouergue est un trésorier gennéral de France, et, en son absence, le seneschal du pays ou le lieutenant général, par subrogation, lesquelz, après avoir receu la commission du Roy adressante aux gens des troys Estatz dudict pays, qui sont les principaulx d'icelluy, assignent jour à ceux quy s'y doibvent trouver, lequel escheu et arrivé, avant que s'assembler tous les Estatz en corps font dire une messe du Saint-Sprit dans le convant des Cordeliers, à Villefranche, et à Rodez dans celluy des Jacopins, où les Estatz se tiennent par tour.

La messe célébrée, ung des greffiers desdictz Estatz se trouve sur la porte du reffectoire d'un de ces deux convans, lieu destiné pour faire l'assemblée, où il appelle le rolle des Estatz, et chescun y entre selon son tour et son rang, sans confusion ny désordre, et tout incontinant Messieurs desdictz Estatz prenent leur place, sçavoir : Monsieur l'Evesque de Rodez, président-nay des Estatz, au millieu du Clergé, quy est à son costé droict et de la Noblesse, qui est au gauche, et le Tiers Estat apprès, suivant le rang des villes, assis sur des bancz en lieu plus bas que le Clergé ny la Noblesse.

Cella faict, les scindicz desdicts Estatz demandent deffaut à Messieurs de l'assemblée contre les absans pour suivre toutes formalités, et que pour l'utilité, leur absance nonobstant, qu'il soict passé oultre à la résolution des affaires les plus importantes, quy sont celles du Roy; ce quy leur est acordé. Et, par la bouche dudict sieur Evesque de Rodez, président en ladicte assemblée, il est comandé au greffier de relire le rolle desdictz Estatz, lequel apprès ordonne deffaut contre les absens; et, leur absence nonobstant, Monsieur le Commissaire est prié d'entrer en l'assemblée pour y représenter la volonté du Roy, et tout incontinant huict des plus apparans, sçavoir : deux Messieurs du Clergé, deux de la Noblesse et quatre consulatz, quy sont tousjours en aussi grand nombre que les autres deux ensemble, s'en vont trouver Monsieur le Commissaire pour le prier d'entrer dans l'assemblée : ce qu'il faict, acisté, sy c'est un de Messieurs les Trésoriers de France, du lieutenant général, des procureur et advocat du Roy au siège présidial ou l'un d'iceulx, ou sy c'est ledict lieutenant gennéral, d'un desdictz advocat ou procureur du Roy suivant leur tour. Et après avoir pris place immédiatement près dudict sieur de Rodez, président desdictz Estatz, du costé de la Noblesse, et le procureur et advocat du Roy sur une chaize à cest effet préparée au millieu de l'assemblée, par ledict procureur ou advocat du Roy, ledict sieur Commissaire est requis de faire lire et publier la commission du Roy, ce quy est faict à l'instant par l'un des greffiers des Estats à haulte voix en la présence de toute l'assemblée; et, la lecture faicte de ladicte commission, ledict sieur Evesque de Rodez assure de la part d'icelle ledict sieur Commissaire de sa fidélité et obéissance au service de Sa Majesté et le prie de donner la communication de ladicte commission aux scindicz pour voir icelle et représenter à l'assemblée s'il y a quelque chose d'extraordinaire ou quy revienne au proffict de quelque particulier, n'ayant acoustumé de rien reffuser à Sa Majesté du contenu dans les commissions de ses tailles ny autrement, et n'a eu recours qu'aux prières et supplications pour les surcharges comme il se peut colliger des délibérations et du grand nombre des requestes à cest effect présentées au Conseil.

La communication de ladicte commission acordée, Monsieur le Commissaire s'absente de l'assemblée, ensemble Monsieur le procureur ou advocat du Roy, auquel sont baillés les mesmes depputés quy le sont allé cercher pour l'accompaigner jusques à la porte du lieu où l'assemblée se tient, sans qu'elle se sépare ny que personne quitte son rang, où incontinant l'imposition du Roy est résolue, et les poinctz relevés sur lesquelz l'assemblée doibt fere des suplications au Roy ; et pour fere entendre la résolution des Estatz audict sieur Commissaire les mesmes depputés sont priés de la luy apporter et le suplier d'incérer dans son procès-verbal les nécessités du pays qui luy sont représentées et les suplications et remonstrances quy sont résolues estre faictes à Sa Majesté. Tout cella se faict en une séance ; et pour les affaires du pays ilz sont renvoyés à l'après-dînée et l'heure de ladicte heure après midy d'ordinère prescripte.

Et avenue ladicte heure, personne ne manque au rendé-vous et le greffier en la forme susdicte rappelle tous ceux de l'assemblée où personne n'entre que ceux qui sont de tour des Estatz, et incontinant sans intermission quelconque il est travaillé aux affaires dudict pays quy concistent en des grandz procès qu'il a contre Mrs du Languedoc, en pleusieurs charges que Mrs du Conseil estant bien souvant surpris par des particuliers jettent sus au pays, comme, par exemple, pour la réparation du pont de Thoulouze, imposition du sieur marquis d'Aubeterre et comte de Curson, comme aussi aux despences qu'il fault fere pour le razement des places desquelles pendant ces mouvemens pleusieurs particuliers s'estoient saisis, apurement des comptes des receveurs quy n'ont esté encore rendus en la Chambre que pour les debtes quy sont encore de plus de deux cens mil livres quy restent à payer despuis ces derniers troubles de la Ligue, et autres affaires pour des particuliers dudict pays, lesquelles sont vuidées au plus tost ; et en la dernière séance on depute quatre consulatz et deux de Mrs du Clergé et autant de la Noblesse pour ouyr les comptes tant des officiers du pays que de ceulx quy ont travaillé pour les affaires d'icelluy.

Après que l'assemblée gennérale a finy, ayant duré quatre ou cinq jours, Monsieur de Rodez donne la bénédiction et résoult de tenir les assemblées particulières des marches ; car le gennéral du pays est divisé en troys marches, lesquelles ont chescune leurs officiers ; lesquelles assemblées se font pour des affaires particulières et ne durent qu'une séance.

En ces assemblées particulières des marches, il y est parlé des affaires quy les regardent et particulièrement de la continuation ou destitution des officiers, sçavoir : des sindicz, receveurs et greffiers ; au commancement desquelles ils se démettent entièrement de leurs charges et les remetent entre les mains desdits sieurs (?) de l'assemblée, lesquelz en disposent comme bon leur semble, sans brigue ny solicitation quelconque.

Et de tout ce quy se résoult, tant aux assemblées gennérales que particulières des marches, il se dresse ung cahier de délibérations quy se list à la fin de toutes les assemblées et est approuvé de tous, et après signé par Monsieur de Rodez ; et les troys greffiers en retienent troys originaux où tout le monde a recours sans qu'ilz en reffusent aulcune expédition.

Après ces deux assemblées il s'en faict une troisiesme qui est appellée des cohécateurs et desparteurs de tous les deniers quy ont esté résolus estre imposés dans les deux autres assemblées, sçavoir du général du pays ou marches particulières ; laquelle néantmoings n'est composée que de quatre personnes : ung ecclésiastique, un gentilhome et deux consulatz, pour rendre tousjours le nombre esgal, et le plus souvant il n'y a que des consulatz, comme en l'année mil six cens treetze, en laquelle Montlausur seul estant consul de Villefranche signa les impositions ; Monsieur le Juge mage et gens du Roy y acistent et les signent.

La forme des impositions est telle que dans le pays il ne se faict aulcune levée de deniers que premièrement elle n'ayt esté résolue dans les Estatz ou par ceulx quy ont esté commis et députés pour en faire la vériffication et en vertu des délibérations contenant la taxe et consantement pour se pourvoir devers le Roy, attandu qu'il ne [se] peult imposer aulcungs deniers sans permission de Sa Majesté, en laquelle le pays demande d'estre maintenu et conservé, pour autant qu'il y a pleusieurs grands seigneurs quy ont obtenu des dons et gratiffications du propre mouvement du Roy sans consantement préalable.

Les vacations et salaires de ceulx quy travaillent pour le pays sont payées troys ans apprès les avoir exposées, pour autant qu'il leur fault faire les avances de tous les fraix et voyages, attendu qu'il n'y a aulcungz deniers dans le pays que quinze cens livres seulement quy ne sont pas suffisens pour le payement des salaires des huissiers et comis de la Chambre des Comptes et de Messieurs les Receveurs gennéraux, de quoy il en a esté faicte instance au Conseil sans y rien avancer ; car après avoir travaillé une année il fault attendre la suivante pour fere faire la taxe, sur laquelle et le consantement que le pays donne il se fault retirer au Conseil pour obtenir des arrestz ou lettres d'asiete sellées du grand seau suivant ledict règlement, car autrement il ne s'imposeroit pas un teston dans icelluy ; et après avoir obtenu lesdictes provisions avec le plus souvant une grande longueur et despence, il fault encore attendre la troisiesme année pour faire faire l'imposition du contenu en icelles, attendu que dans ledict pays, dès que la première imposition est faicte, il ne se faict pendant l'année aulcune autre levée de deniers ; et sy de plus après avoir obtenu des provisions du Conseil, il fault avoir l'atache et vériffication de Messieurs les Trésoriers gennéraux de France à Bourdeaux.

Les impositions donq faictes en ceste forme, les Estatz en sont dressés contenant par le menu toute nature de levées ; et sont signés par les consulz des capitalles villes à tour, mais tousjours par les consulz de Villefranche et le lieutenant gennéral, advocat ou procureur du Roy, sans aulcun salaire, quoyque la loi soict rigoureuse, et pour les coécateurs quy n'ont que sectze livres pour tous fraix et tous ensemble et quy sont obligés d'y despendre bien souvant le quadruple.

La suite du mémoire est consacrée à discuter et à réfuter les demandes d'un novateur qui voulait notamment que le clergé et la noblesse n'eussent désormais que voix consultative.

Et de se vouloir servir de l'ordonnance de Blois et arrestz pour les priver d'avoir voix délibérative, cella auroit quelque apparance sy les tailles estoient personnelles, mais en Rouergue elles sont prédialles et réelles, et d'ailleurs ilz sont aux assemblées pour leurs subjectz, pour lesquelz et pour eulx mesmes ilz y ont inthérest, et n'y a personne appellé quy n'aict droict de haulte justice, et quand ilz voudroient en rien surcharger le Tiers Estat ilz n'auroient le moyen de le faire, car la pleuralité des voix l'emporte et le nombre des voix le plus grand est celluy du Tiers Estat, de quoy on demeure d'acord; mais de vouloir que Messieurs de l'Esglise et de la Noblesse assistent sans avoir voix délibérative, autant serviroient le banq et tapisserie..........

Burey, députté du pays de Rouergue.

67

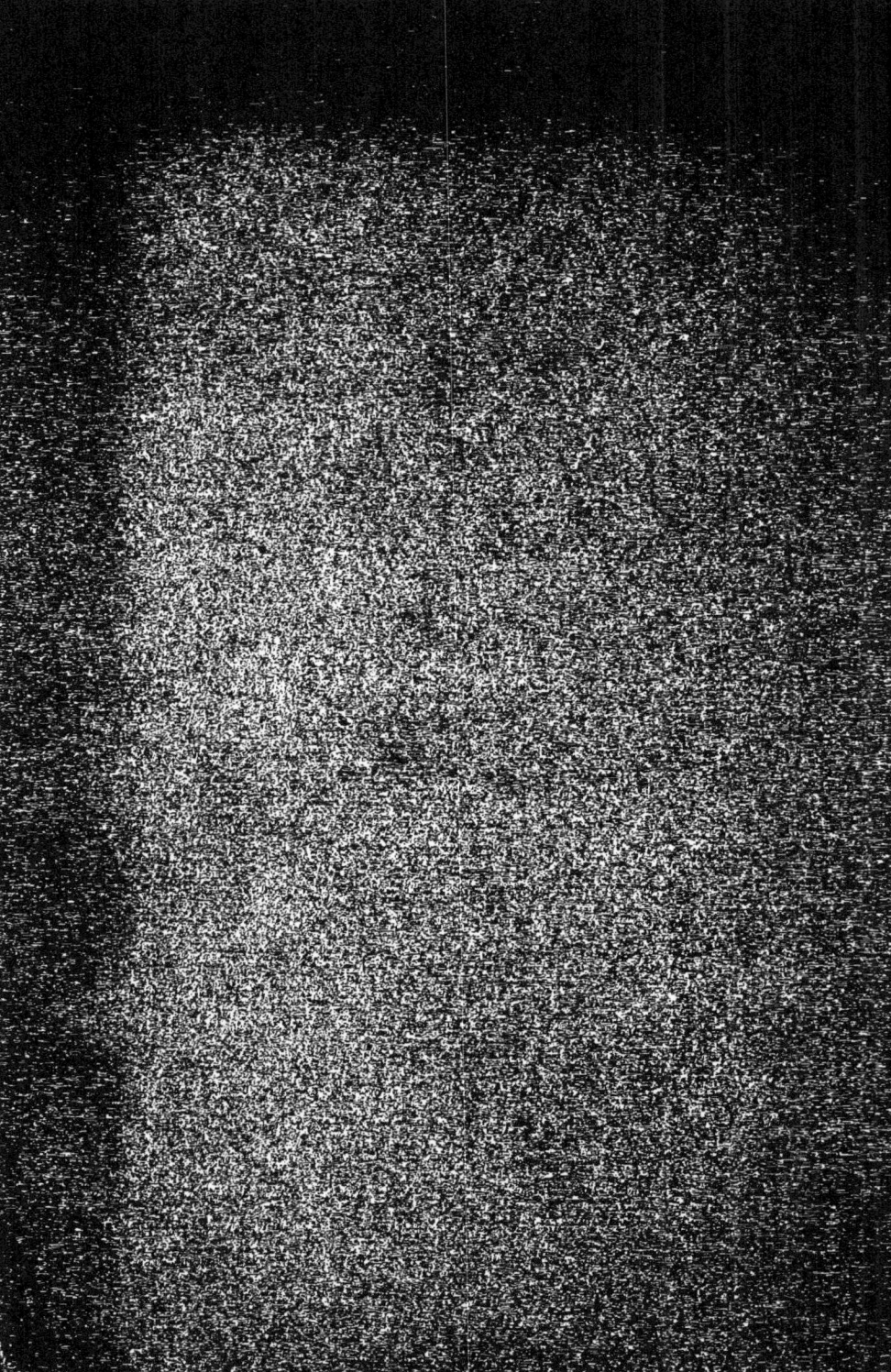

www.ingramcontent.com/pod-product-compliance
Lightning Source LLC
Chambersburg PA
CBHW071432060426
42450CB00009BA/2136